仏の声を聞く

東井義雄

探究社

東井先生を讃える

―なもあみだぶつ―

榎本栄一

目をつぶると
東井先生に
いつでもお遇いできます
そのとき
私のとげとげしいこころは

すうと消えるのでございます

ほかに行きどころのない
地獄一定(いちじょう)の私が
浄土からのお光に照らされる
この場所で
いつも　東井先生にお遇いできる
まことに
もったいないことです

仏の声を聞く〈目　次〉

第三章　如来さまの救い

本書は平成二年十二月九日、ＮＨＫ「こころの時代」で放送され、平成三年六月に柏樹社より出版。今回より弊社から刊行。

第一章

貧しさと隣りあわせ

私の出生

私は、明治の最後の年の四月、兵庫県の日本海側の山の中の貧しい、小さな寺（浄土真宗本願寺派東光寺）の長男として、この世に出していただきました。

当時、父は、京都の大谷本廟に勤めておりましたので、実際は京都で生まれたのでした。私の「義雄」という名前も、ご本山のご真影（しんえい）さま（親鸞聖人）とご相談して決めた名前だと、私は、父から度々聞かされて育ちました。私が三歳になったとき、妹が生まれたのを機に東光寺に帰ったようです。ですから、母に手を引かれて、大谷本廟に父の弁当を持っていったこと、鳩が待っていてくれたこと、京阪電車の警笛の音、どこか高い所から眺めた長い貨物列車の記憶が今もかすかに残っています。「あれは、おばあちゃんが送ってくださるエエモン（よいもの）が乗ってくる汽車だ」と、母が母の背中の私に話してくれたためでしょうか。

その母も、私が小学一年生になったばかりの五月、脳膜炎で亡くなってしまいました。五月十五日の朝、容態が悪くなり、家族みんなが集まっているとき、大きな息を吐いたのが最後の呼吸のように思われました。みんな泣きました。私より二つ歳下の妹まで声をあげて泣きました。泣かなかったのは私だけでした。親が死ぬということが、子どもにとってどんなに大変なことであるか、わからないくらい私は、ぼんやり者であったようです。ところが、それからずいぶん時が経ったように思うのですが、急に母がびっくりするような音をたてて、大きく息を吸い込みました。そして、いくら待っても、その息を吐く音を聞くことはできませんでした。意識のなくなっている母ではありましたが、母にはぼんやり者の私のことが無意識の意識の中で心配でたまらず、死ぬに死ねなかったのではないかと思います。「人生は厳しいのだよ。人間には必ずこの日が来るんだよ。どうか、一日も早く、目覚めてくれよ」と、母は、あのびっくりするような吸気音をぼんやり者の私の胸に刻み込んで死んでいったのだと思います。

私は、ぼんやり者のくせに強情で、欲張りで、素直さのない子どもであったようです。妹のおやつをとりあげたということであった気がするのですが、母がほんとうに悲しそうな顔をしていましたが、やがてキッと何か決心したような厳しい顔になったかと思うと、私の襟首をつかんで、ぶらさげ、土蔵の前まで急ぎました。いきなり土蔵に放り込まれるのかと覚悟していましたら、土蔵の前で立ちどまり、激しく私をゆさぶりました。私が「ごめんなさい」と詫びたら赦(ゆる)す気だったのかもしれません。でも、私は、ゆさぶられながら考えました。「いま、大暴れに暴れてやったら、お母ちゃんの力ぐらい振り切って、逃げ出すことができるんだがな」ということでした。その勝算が私にはありました。でも、私にはその考えを実行することができませんでした。それは、あのはじめのいかにも悲しそうな母の顔のせいでした。「せっかく、お母ちゃんが土蔵に入れようとしているのに逃げたりなんかしたら、どんなに悲しむだろうか。これ以上悲しませては、すまん」という思いが私に逃げ出すことをさせなかったのです。

強情で素直さのない私に母は「すまん…」という心の芽を遺(のこ)して、死んでいったのでした。三十歳でした。

貧しい少年時代

考えてみると、母が死んでから、その後二十年間に私は、家族の六つの葬式にであっています。ということは、私の少年時代、病人と葬式の絶え間がなかったということです。山も田も次々に人手に渡っていきました。ずいぶん、ひどいものを食べて育ちました。寺ですから、毎朝、御仏飯専用の小さな鍋でご飯を炊き、お供えするわけですが、そのお米を洗った白い水は、みんな流さずに貯えていました。そして、大根を米粒くらいの大きさに刻みます。それに貯えてある白い水を入れて炊くと、刻んだ大根がご飯粒のようになります。その上にパラパラッと、お米をふりかけ、少量の塩で味つけした「チョボイチご飯」というのが、私たちの常食となっていました。見たところは、白いお米のご飯なのですが、大部分は大根でした。それを口に運ぶと、大根の匂いと白水の匂いが入りまじって、呑み込む度に何か決心のようなものをしないと、素直に喉を通ってはくれませんでした。

小学五年生になったとき、私たちは、校長先生に担任してもらうことになりました。山の中の小さな学校ですから、一年生と二年生を一緒にして校長先生の奥さんが担任なさり、三年生と四年生を一緒にして若い先生が担任なさり、五年生、六年生を一緒にして校長先生が担任なさっていました。

その校長先生が実にお偉い方で、私たちの「やる気」を湧き立たせて下さいました。私は、その校長先生のおかげで、この貧乏から脱出するためには、とにかく「勉強」しなければダメだと考えるようになりました。一日も早く、働きのあるおとなになりたい、そんな思いから、五年から中学に進む決意を固めました。

机など家にはありませんでしたから、乾しうどんの入っていた木箱を貰い、それを机に勉強しました。

ところが、いよいよ入学願書を出す段階になって、どんなに頼んでも、父が家の経済を理由に保護者印を捺してくれません。強情な私は、父の枕元に三日三晩、座り込みを続けました。三日目の晩になって、ようやく父が「万一、合格しても進学はしない」という約束で受験だけを承知してくれました。四人に一人の合格率だということでしたが、合格することができました。ぼんやり者の私でしたが、校長先生がスイッチを入れてくださったおかげでした。

父との約束がありますので、進学は断念。六年生に進みましたが、家に帰ると、うどん箱の小さい木箱を机に通信教育の中学校の講義録を勉強しました。そして、六年を終ると小学校の高等科に進みました。

高等一年の五月（今の中学一年の五月）、小学校の准教員の検定試験を受験しました。自転車も買ってもらえない貧しさでしたから、会場まで約三十キロ、夜半に起床、藁草履をはいて歩きました。子どもの受験者は私一人でしたが、見事に失敗。独学の限界を思い知らされました。何とかお金がなくても、先生に教えてもらえる学校に行きたいという思いが、検定試験に落ちた無念さと一緒になってこみあげてきました。

定時制高校などのないあの頃、お金の一番かからない学校は、師範学校のようでした。教員養成のために県からか国からか、相当、補助金が出ていたようでした。その師範学校にも進める家の経済状態ではありませんでしたが、さいわいに奨学資金が受けられるように奔走してくださる方があり、やっと、師範学校に進ませていただくことができました。昭和二年の春でした。

ビリッコの悲しみ

直接、先生に教えていただくことのできる学校に入学できた喜びはひとしおでした。でも、つらいことも待っていました。全員、何かの運動部に入るように言われたのですが、人並みはずれた不器用者を入部させてくれる部がありませんでした。

はじめ、サッカーの入部検査を受けました。山の中の貧しく小さな小学校で育った私には、あんなボールを蹴らせてもらうのは初めてでした。力いっぱい蹴ったのに、とんでもない飛び方をしてしまい、あっさりはねられてしまいました。次は、野球部でした。生まれてはじめて、バットというものを握りました。なぜ、球が当たりやすいように平らにしておかないのか、こんなツルツルした丸太ン棒を飛んでくる球に当てるなんて、まるで奇術ではないかと思いながら、バットを振りましたが、やはり、球は当たってくれませんでした。次は、庭球部でした。ラケットを握るのは初めてでしたが、これは球が当たるようにうまくできていると、感心しながら振りましたが、見事に空振りで、はねられてしまいました。次は、水泳部でした。プールの波が光っているのを見ると、おそろしくなって、尻込みしている私を水泳部の上級生が、無理やりプールに突き落としました。カナヅチが浮く道理がありません。溺れてしまった私を上級生が大あわてにあわてて引き上げてくれました。次は、競走部でした。これは溺れるはずがありませんから、少し安心しました。百メートル走らされましたが、ビリでした。「チョボイチご飯」を食べて育った栄養失調の私には、人並みに走れるだけのエネルギーもなかったのでしょう。

「おまえ、なーんにもあかんのやな」と、上級生たちがあきれ顔で申しました。その私を気の毒そうに見ていた上級生の一人が「おまえ、辛抱強く粘ることはできるかい」と、尋ねてくれました。「はい、粘ることならできると思います」と、答えましたら「そうか、それではマラソン部にとってやる」と言ってくれました。やっと、私の落ち着くところが決まったのでした。「よし、粘り抜いてやろう!」と、一大決心をして、入部させてもらいました。

放課後、他の部員たちと一緒に姫路の城北練兵場を取り囲む道を一周して帰るのが毎日の日課でした。マラソンも、ただ粘ればよいというものではなく、毎日、私がビリッコを独占することになりました。練兵場一周は五千メートルということでしたが、週一日は、市川の鉄橋まで往復、というのがありました。これは、一万メートルだということでした。この一万メートルコースの途中にキリスト教の女学校がありました。大勢の女学生たちが見ている前を仲間から何百メートルも遅れて、犬に吠えられながら走るのは、鈍感な私にも、ほんとうにつらいことでした。

入部検査のとき「辛抱強く粘ることならできると思います」と言った私です。退部を願い出ることもできません。

二年生になったら、私よりものろいのが入部してくるだろうと、それに大きな期待をかけて、毎日、ビリを走り続けました。でも、待望の二年生になっても、私よりものろいのは、一人も入部してきませんでした。三年生になったら…と、粘り続けましたが、三年生になっても、ビリは私の独占でした。

ビリッコを走りながら、毎日、考えたことは「兎と亀」の話でした。あの話では、亀は兎に勝ちました。けれども、兎が亀をバカにして、途中で一眠りしたりするものだから、たまたま、亀が勝ったにすぎません。いくら努力しても、亀はどこまでいっても亀で、走力は、とても兎には及びません。ですから、あの話は、値打ちのある亀はつまらない兎よりは、値打ちの上では上だ、という話ではないかと考えました。亀はいくら努力しても、絶対、兎にはなれない。しかし、日本一の亀にはなれる。そして、日本一の亀はつまらない兎よりも、値打ちが上だという話ではないかと考えました。そして、私も「日本一のビリッコ」にはなれるのではないかと、考えるようになりました。

「よし、日本一のビリッコになってやろう」と、考えることで少し勇気のようなものが湧いてくるのを感じました。

そのうちに、また、気がつきました。「もし、ぼくがビリッコを独占しなかったら、部員の誰かがこのみじめな思いを味わわなければならない。他の部員がこのみじめな思いを味わうことなく済んでいるのは、ぼくがビリッコを独占しているおかげだ」ということに気がついたのです。「ぼくも、みんなの役に立っている」という発見は、私にとって大きなよろこびとなりました。世の中が、にわかにパッと明るくなった気がしました。そして「教員になったら、ビリッコの子どもの心の解(わか)ってやれる教員になろう。とび箱の飛べない子、泳げない子、勉強の解らない子どもの悲しみを解ってやれる教員になろう。『できないのは、努力が足りないからだ』などと、子どもを責める教員にはなるまい」と思わずにはおれなくなりました。

　こんな私だったのですから、今の時代のように、せっかく学校を卒業して教員免許状を取得しても、都道府県の教員採用試験をパスしないと、教員にしてもらえない時代でしたら、私は、とても教員にはなれなかったでしょう。今も私の県の採用試験の中には、二ー五メートルを泳ぐことができるかどうか、というのがあるそうですが、このこと一つだけでも、私は、はねられてしまいます。よい時代に生まれさせてもらったものです。おかげさまで、私は、小学・中学・大学と、五十五年間も教員を勤めさせていただくことができました。

そして、私と同じように走ってもビリになってしまう子、泳げない子、勉強の解らない子、生きる目あてを掴むことができないで、多くの先生方から困られ、やけになって、グレようとしている子どもたちにも、生きるよろこびに目覚めてもらえるよう、念じ続けさせてもらうことができました。というよりは、そういう子どもたちによって、私自身が「生きる」ということを教えられ、「ほんとうの教育」を教えてもらうことができた気がします。そして、私自身が貧しく、愚かで、不器用に生まれさせてもらったことをしみじみと、しあわせであったと思わずにはおれないのです。

気がつかせてもらってみますと、川の流れに寄り添って岸が最後の最後まではたらき続けて、流れを海に届けているように、貧しく、愚かで不器用な私に寄り添って「兎と亀」の話を思い出させ、「亀は、亀のままでいいのだよ、兎になろうとしなくてもいいのだよ」と、気づかせてくださったり、不出来な教員にも不出来な教員の生きがいを目覚めさせてくださるおはたらきが、はたらきづめに、はたらいていてくださった気がするのです。

私が校長を勤めさせていただいているときでした。養護の先生が、

「校長先生、きょうは、虫歯予防デーです。朝会で、子どもたちに虫歯予防の話をしてやってください」

と申します。

「歯のない者に歯の話をさせるなんて残酷ですよ。赦してください」

と言うのですが、

「でも、それでは虫歯予防デーがつとまりません」

と、承知してもらえません。仕方がありません。覚悟を決めて、朝礼台に上がりました。

「おはようございます」

と、子どもたちと挨拶を交わすと、

「きょうは、虫歯予防デーだそうです。でも、校長先生の歯は、全部虫がたべてしまって、一本もありません。いまあるのは、みんなにせもので、ほんとうの歯ではありません」

と言って、上の入れ歯も下の入れ歯も外してしまい、歯のない口で、

「こういうことになってはダメです。こういうことにならないためには、どうすればいいか、それは教室に帰ってから、受け持ちの先生から、よくよくお聞きなさい」

と言って、朝礼台を降りました。

先生方も、子どもたちも、みんな涙をぬぐいながら、笑いころげてくれました。

そして、その後、虫歯予防デーを迎える度に先生方や子どもたちから、

「忘れることのできない虫歯予防デーがやってきました。校長先生のようにならないように、きっと歯を大切にします」

というような、便りをもらうことになりました。

法如(ほうにょ)上人の「鶴の脚の長きをも、鴨の脚の短きをも、鷺の羽の白きをも、烏の羽の黒きをも、黒きを漂すにあらず、白きを染むるにあらず、短きを継ぐにあらず、長きを切るにあらず、長きは長きなり、短きは短きなり、白きは白きなり、黒きは黒きなり」このままの私が本願のお目あてであったということを、いま、しみじみとありがたく仰がせていただく私です。

貧しかったおかげで……

師範学校のとき、私は、もう一つ得難い体験をさせてもらっています。二年生の夏休みに入る前、漢文の一色智二先生が、

「この夏休み中に『論語』でも『孟子』でも何でもいいが、漢文の本を一冊以上、必ず読み通してこい」

という宿題を出されました。

私は、困りました。家には『論語』も『孟子』も、そんなものは一冊もありません。奨学資金のおかげで、どうにか学校に出してもらっている私には、そんな漢文の本を買うお金もありません。困りました。先生は無理をおっしゃると思いました。

ところが、困ったあげく、いいことを考えつきました。貧乏ですが、寺ですから、お経があります。お経だって漢文だ、お経を読もうと気がつくと、にわかに嬉しくなりました。『浄土三部経』を読み通すことにしました。『浄土三部経』のうち、『阿弥陀経』は、まだ漢字を全く習っていない小学一年生のときから、祖父に教えられて読みましたが、棒読みに過ぎませんでした。

夏休みに入ると、早速『仏説無量寿経（大経）』からはじめました。何日もかかって、上巻を和文に直しおわり、下巻に進んだある日のことでした。大変な言葉にぶつかってしまいました。

「独来独去（どくらいどっこ）　無一随者（むいちずいしゃ）」

という言葉でした。これを、

「独り来たり、独り去り、一の随う者なし」と読んだときの衝撃は、忘れられるものではありません。世界には、何十億の人間が住んでいるのに、自分はひとりぼっちだということが大変なことだと、気がつかされたのです。小学一年生になったばかりの五月、死んでいった母の最後の吸気音が鮮やかに甦ってきました。

「大変だ！　大変だ！　自分は世界中に一人しかいないのだ。ひとりぼっちなのだ。お母ちゃんがいのちがけで教えてくれたことを忘れていた。大変だ！　大変だ！」

と、心の中でつぶやきながら読み進むと、その私に追い討ちをかけるようにまた大変な言葉が待っていました。

「身自当之（しんじとうし）　無有代者（むうたいしゃ）（身みずからこれにあたる、代る者あることなし）」

という言葉でした。この大変さを代ってくれる者がないのです。その荷がどんなに重くても、自分の荷は自分で背負って生きるしかないのです。

このことについて私は、過日、隣寺の報恩講にお参りして、私がかねてから尊敬申し上げてきた内田宏円先生のご法話を聴聞しながら、私がまだ気がついていなかったことを教えていただきました。それは「代る者あることなし」は、「代る者なし」とは違うのだということでした。「代る者なし」は、たまたまそのとき「代る者がいなかった」という程度のことなのだが、「代る者あることなし」は、いつまで待っていても、どこへ行って探しても「代る者が金輪際ない」ということなのだとおっしゃるのでした。改めて、深く、深く、うなずかせていただいたことでした。

私は、内田宏円先生のお教えを聞きながら、野村康次郎という方の「雨」という詩を思い出していました。

雨

雨は
ウンコの上にも
おちなければなりません
イヤだといっても
だめなのです
誰も
代ってくれないのです
代ってあげることも
できないのです

という詩です。人間だけでなく「雨」だってそうなのです。大宇宙全体の厳しい掟なのです。雨だって、ウンコの上にも落ちてゆかねばならないのです。代ってもらうこともできないのです。

私は、いま、寺の後継者として期待し、頼りにしてきた息子に突然倒れられてしまうという、全く考えもしなかった厳しい事実のまっただなかにいるのですが「代ってやれない」ということが「代ってもらえない」ことよりも、こんなに厳しいことであったかを思い知らされています。私は、たとい「自分の死」であっても、それが私の背負うべき「私の荷」であるなら、「誰か代ってください」などと泣き言を言わないで、背負わせてもらえるつもりでいました。が、きょうも倒れてから三百何十日たった今も、意識の全くない息子の側で「代ってやれない」ことが「自分の死」よりもつらい、厳しいことであることを噛みしめている次第です。

しかし、過日、意識の全くない息子の足をなでてやりながら、これが私のやりきれないつらさである以上に、如来さまのやりきれないおこころであり、お悲しみであったことに気づかせていただきました。私が息子に代ってやれないように、如来さまも、私にも息子にも代ってくださることができないのだと、気づかせていただきました。如来さまのお悲しみの中でも一番厳しく、深いお悲しみは、代ってくださることのできないお悲しみであるのではないでしょうか。

過日も島根県浜田市の八十一歳の女医先生でおありになる花田カズ先生が、私が癌の手術を受けたり、息子が突然倒れて意識もない状態であることをお聞きになり、休診日である日曜、未明にタクシーを頼んでご出発になり、片道八時間もかけて、見舞いに来てくださいました。

「はるばるお伺いしても、どうしてさし上げることもできないのですが、じっとしていることができませず……」

と言って、泣いてくださるのでした。

「お疲れだったでしょう。おかまいはできませんが、せめてお泊まりください」

と申しましたら、「明日はまた早朝から、患者さんが待っていてくれますので……」とおっしゃって、また、八時間もタクシーを走らせて、お帰りになっていきました。私が浜田に講演のおいいつけをいただいて、出かける度にお世話になり、泊めていただいた女医先生でした。

全く、全く「如来さまの大悲」をお届けくださった気がしました。

こういう大切なことに気づかせていただく糸口をつくっていただいたのが、一色先生の漢文の宿題であったわけです。

「無神論」の時代

私が師範学校を卒業し、教員として踏み出したのは、昭和七年の春でした。昭和七年と申しますと、日本が貧しさから脱出する道は大陸に進出する以外にないというので、「満州事変」を起こした次の年です。実際、日本は不況のどん底にありました。当時、教員の初任給は、月額五十円ということになってはいましたが、そのうち二円が差し引かれて、四十八円が支給されていました。もちろん、ボーナスなど、ただの一円もありませんでした。

子どもの中に弁当を持ってくることのできない子がたくさんいました。昼になると水を呑んで、空腹を充たしている子どもが幾人もいました。両親がいくら働いても、わが子に弁当を持たせることもできなかったのです。

そういう中で私は、当時「危険思想」だといわれていた「思想」を無視することができなくなっていきました。島木健作だとか、平田小六だとかいうプロレタリア文学の作品などを読んでいるうちに、この中にこそ貧しい人たちの救いの道が潜んでいると、考えざるを得なくなっていきました。そして、そういうプロレタリア文学の作家たちを支えている「思想」を確かめようとせずにおれなくなっていきました。踏まれても、焼かれても、ますますたくましく、地中に根を拡げて生きていく雑草のような生活力をどの子にも育ててやるのが、教員としての私の一番大切な仕事だと考えるようになりました。そういうことから、はじめて私が担任した子どもたちの文集の名前も『雑草の如くに』ということにしました。

こういう私を同僚の先輩の中にも「異端者」として視る人たちを感じるようにな

りましたが、私の願いが間違っているとは、どうしても思うことができませんでした。

満州事変は、政府の度々の不拡大方針の声明とは逆に拡大し、支那事変と呼ばれるようになり、学校でも戦勝祈願の神社参拝が行なわれるようになりました。しかし、私には、どうしても戦争を肯定することができず、他の同僚たちのように子どもたちの前で、まるで手本でも示すように柏手を打つことができず、子どもたちの列の最後尾でごまかして帰るのが、さすがの私にもつらいことの一つになっていきました。

最初担任した子どもたちの卒業式のときにも、式の間、ずっと「もしも、私の担任した子どもたちが、思想的な異端者として検挙されることにでもなったら、私はどう責任をとればいいか」と、そんなことを考え続けていました。そして、ハッと気がついてみたら、腹を切るときの痛さはどれくらいのものであろうかと考えていたことも忘れられません。

その頃、教育雑誌から依頼を受けて、みんなから見放されてしまって、自分の名前さえ読むことも書くこともできないまま放置されていた知恵遅れの女の子の指導記録を発表したりなどしていましたが、芥川賞候補にもなられた作家白川渥先生が、「警察は、全国の綴方(つづりかた)教師の思想に注目してきている。書くことは、余(よ)程(ほど)慎重にした方がいい」と、忠告してくださったのもその頃でした。

白川先生が忠告してくださった通り、移動警察の目が私につきまとうようになりました。乗り物に乗っていても、道を歩いていても、たびたび、行先や用件を尋問されることが何べんも、何べんもありました。私の県でも、親しい綴方教師が家宅捜索を受けるようになってきました。私も親しい友人と相談して、危険だと思われそうな蔵書を片づけ、杉浦重剛氏の『倫理御進講草案』を書棚に並べたりしました。

私のこういう思想傾向は、当然、宗教への疑問を深めることにもなりました。

「その時代の権力者が貧しい者たちを隷属(れいぞく)させ、搾取するのに対して、理屈を言わせないようにし、文句を言わせないようにし、『ありがとうございます』『もったいのうございます』と、考える力を眠らせ、どんな苛酷な要求をも受容させる、阿片(アヘン)の役割りを果たしているのが『宗教』というものである」という「無神論」に、私はどんどん深入りしていきました。

事実、私が病身な父に代って勤行していますと、内陣に住みついているらしい古ねずみが、お供えしてあるお仏飯を食べにくるのです。私がにらみつけてやっても、それくらいのことに驚くねずみではありません。どなりつけるような声を張り上げてお経を読んでも、ビクともしません。そんなねずみの所行を見ながら、ねずみにさえバカにされる阿弥陀さまに何ができるかと、思わざるを得ません。

ところが、気がついてみると、何もできない阿弥陀さまを拝んで村の皆さんからお供えをさせ、それを横どりして生活している私です。ねずみは人をだましませんが、私は人をだまして、お供えものを盗む仕事をしているのです。そう気がつくと、さすがに自分がはずかしくなります。その思いを私は当時の私の日記に、

「坊主、偽坊主、汝は飯を盗むか　糞坊主」

と、書いたりしています。

毎日の勤行は、親鸞聖人お作の『正信偈』と、六首の和讃を読み、その後で蓮如上人の『御文章』を読むことになっていました。『御文章』を読んでいましても、いたるところで反発ばかりを感じていました。例えば『御文章』の五帖目に、「それ、五劫思惟の本願といふも、兆載永劫の修行といふも、ただわれら一切衆生をあながちにたすけたまはんがための方便に……」という言葉で始まる文章があるわけですが、「五劫思惟」という言葉に反発を感じてしまいます。

「一劫」というのは、四十里立方の城に充たした芥子粒を三年に一粒ずつ取り出して、全部なくなってしまう時間の長さを現わす言葉だそうです。また、四十里立方の大きな石の上に三年に一度ずつ天人が降りてきて、その軽い羽衣で石をなでると、石が目に見えないくらいすり減ります。そして、その石がすり減り、摩滅してなくなってしまうまでの長い時間を「一劫」というのだそうです。その

「一劫」の五倍の長さを「五劫」というわけです。

阿弥陀さまの前身であられる「法蔵菩薩さま」は、私を救うためにどうにも救う手だてを見つけることがおできにならず、「五劫」という長い間、ご思案なさった、というのですが、私にしてみれば、「そんなデタラメがあってたまるか、どこにそんな証拠があるか」と、思わないわけにはいきません。「そんな、おとぎ話のようなことを誰が信じてやるものか」と、考えてしまうわけです。そんな思いを当時、私は日記に、

「五劫思惟の本願といふも、兆載永劫の修行といふも…しみじみと、偽坊主の罪深し」

と書いています。

もう三十年あまりも昔のことになりますが、若い共産党員の方々と「宗教」についで語り合ったことがあります。そのときも若い皆さんから、

「『五劫思惟』などと、証拠もないことをありがたそうに言うから、反発を感じ

てしまうのだ」

と、強い主張がありました。そのときにも申し上げたのですが、「私自身も長い間、皆さんと全く同じ思いで反発していました。ところが、その『五劫思惟』の証拠があったのです。しかも、思ってもみなかった近いところにあったのです。近すぎて、見えなかったのです。ごまかしようのない、はっきりした証拠があったのです。『私自身』がその証拠人だったのです。私は、私自身のなまぬるいだらしない生きざまを何とかすることができなければ、教員として、学校の子どもたちに『もっと、自分のただ一度の人生を大切にしろ』などと偉そうにいう資格はない、ということに気づき、自分を改造するためにずいぶん努力しました。ところが、だらしのない整頓のできない癖一つ、自分で改造することができないのです。何べん一大決心をして取り組んでみても、自分で自分をどうすることもできないのです。そういうどうにもならないしぶとさをもった『自分』というものが、見えはじめたところから、阿弥陀さまの前身でおありになる法蔵菩薩の『五劫思惟』の証拠人が、このどうしようもない『私自身』であったことが、見えはじめたということなのです」

と、申し上げたことでした。

この「五劫思惟」については、ごく最近にも、その証拠人がいよいよ間違いなく「私自身」であったことを確認させていただきました。一昨々年でした。日展の作家であられる出石焼の永澤永信先生に、かねてからお願いしていた私と老妻の骨壺ができ上がってきました。それを両手でとりあげたとき、全身を電気のように突き抜けた白磁(はくじ)の骨壺の冷たさは、思わず背すじを正させるものでした。こんな気持ちで「老」を生きることができたら、必ず「輝く老」を生きることができると思いました。それで妻と相談して、私どもの居間に二つの骨壺を置くことにしました。

しかし、ほんとうに引き締まった暮らしができたように思ったのは二日ぐらいだったでしょうか。だんだん以前と少しも変わらぬ私に戻っていきました。でも、時々、両手で壺を支えてみると、心が引き締まりましたが、それさえも、度重なるにつれて、だんだん感じが薄れていきました。そして、気がついてみると、いつの間にかホコリをかぶっているようになりました。妻も同じ思いであったのか「やっぱり、これ、片づけておきましょう」というものですから、とうとう片づけてしまったのですが、われながら、どうしようもない「私」という人間に驚かされてしまいました。救いようのない「私」なのです。「五劫思惟」の証拠人は「私」であったのです。

その「私」を見ることのできなかった傲慢（ごうまん）、無智（むち）な私が勝手に如来さまに反発していたのです。

昔からのしきたりで、お盆が来ると、村中『阿弥陀経』を読んで廻ることになっていました。村の皆さんが待っていてくれるのですから、廻らないわけにはいきません。仏さまもクソもあるものかなどと考えている男がお経を読んでも何の足しにもならないことを、私自身が知っているのですから、私自身ヤケクソになって、村廻りをすることになります。ヤケにでもならなければ、できることではありません。

「阿弥陀経に明け暮れる日、ひょいと『無神論』が頭をもたげて、ああ、わしは知らんぞ」

と、その頃、私は日記に書いています。

こういう私が、毎日、村の皆さんからお供えしていただいたご飯をいただいていたのですから、如来さまにも、村の皆さんにも、申しわけない限りであったわけです。

第二章

父とわが子に導かれ

私の「第二の誕生」

私が、かねてから尊敬申し上げてきた竹下哲先生は、長崎県の高等学校長や長崎県教育長もお勤めになってきた篤信の先生です。弟さまの竹下昭寿氏は、若くして癌に侵されなさったのですが、篤信のお医者さまと、篤信のお兄さまであられる竹下哲先生のお導きで、見事な「信」をいただかれ、『死の宣告を受けて』という尊い手記を遺して、お浄土にお還(かえ)りになりました。そのお兄さまでおありになる哲先生が昨年、『ほんとうの人間になるということ』という書物をお出しになりました。その中で先生は、「犬や猫や牛や馬は、生まれたときから、犬は犬であり、猫は猫であり、牛は牛であり、馬は馬である。ところが、人間は人間の子として生まれただけでは、まだ『ほんとうの人間』とはいえない。生物学的には『人間』であるが、『ほんとうの人間』になるためには、もう一度『第二の誕生』を経なければならない。しかるに、現代人の中には、その『第二の誕生』をすることなく、『空しく』生涯を終ってしまう人が多いのは、まことに残念なことである。仏教は、そういう私たちに『第二の誕生』をさせてくださるお教えである」という意味のことをお書きになっています。

私は、その「第二の誕生」をさせてくださる仏法の家に生まれさせていただきながら「無神論」などにとりつかれて、「第二の誕生」から逃げようとばかり努力していたのです。はずかしい極みです。

そんな私に「第二の誕生」をさせてくれたのは、受け持ちの子どもでした。教員として踏み出してから五年目、二十五歳の私は、中学校にも、商業学校にも、工業学校にも進むことの許されない貧しい家の子どもがほとんどの「高等小学校」の子どもを志願して担任させてもらっていました。

ある日、授業が終ったとき、私は、子どもたちに「何か、質問はないか」と尋ねました。北村彰男君がそれを待ち構えていたように「はいっ！」といって挙手しました。私は、ギクッとしました。いつも厳しい質問を浴びせかける子どもだったからでした。それればかりではありません。怠け者の私など、はずかしいような厳しい生き方をしている彼だったからでした。

北村君は、貧しい母子家庭の子どもで、小学三年のときから、八年間、毎朝三時半に起床、町中を新聞配達し、終ると勉強、朝食を済ませて登校、学校が終ると、飛んで帰って、町中、夕刊配達をしている子でした。お母さんが厳しい方で「おまえの本職は勉強だ。学校で居眠りなんかするようなら、新聞配達をやめてしまえ」と言っておられるとも聞いていました。夏の日など、他の子どもの中には居眠りをする子があっても、彼は、どんな暑苦しい日でも、背すじをピンと伸ばして、にらみつけるような目で授業を受けるのでした。

「北村君、何？」

と、私が指名すると、

「先生、ああと口をあけると、喉の奥に上から下がっている、ぼくらが『ノドチンコ』と呼んでいるものが見えてきます。あれは、どういうはたらきをしているものですか」と申します。私は、困ってしまいました。「ノドチンコ」と呼んでいるものが存在していることは知っていましたが、そのはたらきは全く知りませんでした。そのはたらきに疑問を持ったこともありませんでしたし、教わった記憶もありません。

「北村君、申しわけないが私にもわからん。今夜、調べてみるから、すまないが明日まで答えを待ってみてくれないか」

としか言いようがありませんでした。

その日、学校図書の中から人体に関する書物を風呂敷いっぱい借りて、私は下宿に帰りました。夜半すぎ、やっと解りました。

口から入った食べ物は、食道を通って胃に送られるわけですが、喉の奥で食べ物が通る「食道」と、鼻から吸い込んだ空気が「肺」に進む「気管」とに道が岐れています。その岐れ道で、もし食べ物が「気管」の方に進むと窒息してしまいます。そういうことにならないようにするために、食べ物を飲み込むときには、あの「ノドチンコ（ほんとうの名前は『口蓋垂』）」が、気管の入口をピタリと蓋してしまうのだそうです。そのおかげで、間違いなく「食道」に進み「胃」に進むのだそうです。

それが解ったとき、天地がひっくり返るほどショックを受けました。そのはたらきを知らぬくらいですから、一度も感謝したことなどありません。お礼を言ったことも、もちろんありません。それどころか「ノドチンコ」のこと一つ解っていないくせに「唯物論」だとか「無神論」だとか、偉そうなことを言い、「傍若無人」に生きてきた私でした。

気がついてみたら「口蓋垂」だけではありません。「目」があって見ることができることも、「耳」があって聞くことができることも、「呼吸」や「心臓」が昼夜無休ではたらき続けていることも、「手」や「足」が、それぞれ自由にはたらいてくれることも、食べた物が「血」になり「肉」になり「骨」になり、はたらきの「エネルギー」になってはたらいてくれることも、みんなみんな、ただごとでない不思議きわまることであったのです。「生きている」とばかり思っていた私が「生かされていた」のです。頭の上がらぬ思いでした。

いつもバカにしながら読んでいた『正信偈』の「凡聖逆謗斉廻入　如衆水入海一味（凡・聖・逆・謗、斉しく廻入すること、衆水の海に入って、一味なるが如し）」という言葉が思い出されてきました。「凡（ほんとうのことは、何もわかっていない愚か者の私のこと）」「聖（唯物論のほんのひとかけらをかじって、無神論をふりまわしたりしていた思いあがった私のこと）」「逆（生かされていながら、生かしてくれているものに尻を向けていた私のこと）」「謗（生かしてくれているものに逆くばかりか、それを謗る罪を敢えて犯していた私のこと）」が、わけへだてなく「斉しく」、ちょうど、どんな荒れ狂う川の水も、汚れた川の水も摂めとっていく海のように、必ず摂取される世界があったのです。そして、その世界のどまん中に、私は生かされていたのです。逆いているときも、謗っているときも「み手のまんなか」であったのです。

「仏さま」は「私」の向こうに、古ねずみにバカにされながら……ではなく、「私」や「ねずみ」の「いのちの根源」に、はたらきつづけていてくださったのです。

北陸のあるお寺が経営なさっている幼稚園の五歳の男の子が、

ぼくの舌　動け
というたときは
もう　動いた後や
ぼくより先に
ぼくの舌
動かすのは何や?

と、つぶやいたといいます。保母さんが感動をもって記録していてくださるのですが、この五歳児は、はやくも「いのちの根源」に目覚めているのです。私は、二十五歳にしてはじめて担任していた子どものおかげで、目覚めさせていただき、「第二の誕生」をさせていただいたのです。

気がついてみれば、私が逆いてみたって、謗ってみたって、それくらいのことでお手もとが狂うような、そんな如来さまではなかったのです。

それ以後、私は「ほんもの」と「にせもの」を見わけるものさしを「凡聖逆謗斉廻入如衆水入海一味」であるか否かと、考えることにしました。

教員としても、もの覚えの悪い子どもを見捨てたり、言うことをきかない子どもを憎んで罰を与えたりする、そういう教員にだけはなるまいと、考えずにおれなくなりました。

つながりあっているいのち

「ノドチンコ」のことがあって、間もなく私がはじめて授けていただいた子どもが大病にかかりました。お医者さまから、

「お気の毒ですが、赤ん坊のこの病気は、百人中九十九人は助からぬといわれているものです。今夜一晩のいのちを、私には保証することができません」

と言われてしまいました。

その晩、幼い子どもの脈を握っていると、脈がだんだん消えてわからなくなっていきます。いよいよ、親と子の別れのときがきたかと思っていると、ピクピクッと、かすかに脈が甦ってきます。「やれ、嬉しや」と思う間もなく、脈が消えていきます。いよいよ別れのときがきたかと思っていると、また、ピクピクッと、かすかに脈が動いてくれます。

そういうことを何べんも繰り返しているとき、夜半十二時を知らせる柱時計の音を聞いた、あの感動は、何年たっても忘れられるものではありません。「ああ、とうとう、きょう一日、親と子がそろって、一緒に一日を過ごさせていただくことができた。いまから始まる新しいきょうも、親と子が揃って、一緒に生きさせていただけるのであろうか」と、思わずにはおれませんでした。そして、学校で担任させてもらっている六十人の子どもは、ただの六十人ではないということ、一二〇人の親御さんたちのいのちと、熱い願いにつながっている六十人であることが、ただごとでないことに思われてくるのでした。

見えないところで
ひとつながりに
つながりあって生きているのは

竹藪の竹だけではない
土手のすぎなだけではない

ということに目覚めさせていただきました。

私の赤ん坊は、お医者さまの必死のお手当によって、百人に一人の不思議ないのちをいただいて、大きくなってくれました。その後、二人の子どもを恵んでいただいたのですが、私が学校の勤めを終って、日を暮らして帰ってきますと、百人に一人のいのちをいただいた女の子が「お父ちゃん、お帰り!」と、私にとびついて、首っ玉にぶらさがります。すると、長男が「お父ちゃん、お帰り!」と、背中からとびついて、私の首っ玉にぶらさがります。いちばん弟は、ぶらさがるところがありません。にわかに四つんばいになり「モォーッ」と、牛の鳴きまねをしながら、私の股くぐりをします。

そういうとき、何が間違っても、絶対、間違いなくやってくること、それは三人のこのかわいい者たちと別れなければならない日がやってくるということ。それだのに、今日、ただ今、親と子が、こうして一緒にたわむれさせてもらっている、このしあわせ以上のしあわせがほかにあるだろうか、と考えずにはおれなくなりました。

父が、身をもって教えてくれたこと

私が二十七歳になった年の十一月三十日、父は六十三歳で亡くなりました。

その頃、私は、家から三十キロばかり離れた学校に下宿しながら勤めていました。

十一月三十日は、厳しく寒い日で、教室の窓から見える近所の家の屋根で、霰（あられ）がはね返っていました。「こういう日は、神経痛で寝ている父の体が痛むんだがな。きょうは家へ帰って、父の世話をしてやろうかな」と思うのですが、二学期末の仕事も迫ってきています。「もう、あと二日すると土曜日になる。土曜日にできるだけ早く帰って世話をしよう」という考えが頭をもたげてきます。「土曜日は土曜日として、きょう、帰ってこよう」と思います。「学校の仕事が忙しい。土曜日帰ればいいではないか」という考えが頭をもたげてきます。

迷っているうちに日が暮れてしまい、下宿に帰って夕食を済ませましたが、やはり気になります。夕食後も迷い続けていましたが、どうも気にかかるのです。とうとう、思いきって帰ることにしました。

霰の降る道を自転車で踏み急ぎました。顔に霰があたって痛かったのが忘れられません。しかし、合羽に包まれた体は、汗びっしょりでした。

家へ帰り着いたのは、もう三十分もすれば「明日」ということになってしまうような時刻でした。土曜日には、いつも帰ることにしていましたが、思いがけない日、思いがけない時刻に帰りついたものですから、父が大変喜んでくれました。

「生きておれば、何の役にも立たんわしを、おまえがこうして案じてくれる。

今、息が絶えても、大きな大きなお慈悲のどまんなか。世界中に、ぎょうさん人間は住んでいるが、わしほどのしあわせ者が、ほかにあろうかい」という言葉が、だんだん細くなり、淡くなり、消えていきました。私は、父が眠くなって眠ったのだと思いました。義母が父の鼻のところに手をかざしていましたが、お念仏を称えはじめました。父の息は、絶えていたのです。「生」と「死」との間に境界なんか何もないのだ、続いているのだとでもいうような、自然な大往生でした。私は、こうして不思議に父の最期にであわせてもらったのでした。

学期末の教師の忙しさを理由に、帰ることを土曜日に延ばそうというのが、ほんとうの私だったと思うのですが、その私を強力に呼び寄せる不思議な力は何であったのでしょうか。ほんとに、ほんとに、不思議としかいいようのない力が父の見事な臨終にであわせてくださったのでした。

若い私は、その事実を父が、

「人間に生まれさせていただいた以上、『生きても、死んでも、しあわせのどまんなか』という世界に到達できなかったら、人間に生まれさせていただいた値打ちはないのだよ」と教えるために、私を呼び寄せてくれたのだと思いました。

それ以後、「生きてよし、死してよし」の世界に到達するということが、私の人生の課題になりました。父が身をもって教えてくれたこの課題に一日も早く到達したいと考えました。

しかし、努めても、努めても「死にともない心」をどうしても超えることができないのです。浄土真宗のものだけでなく、他宗のものも、キリスト教のものも「死」の問題にかかわりのありそうな書物を見つけては、読みあさりました。「死」の問題にかかわりのありそうな文学作品も、ずいぶん読みあさりました。でも、どんなにしてみても「死にともない心」を超えることができないのです。

これは、私の真剣さが足りないからだと考えました。朝は、四時起床ということにしました。そして、起きると、冷たい水で体中を摩擦して、体中に目を覚まさせ、それから朝の勤行、勉強……というようにして、毎日をスタートしました。

そのことを別に人に話した覚えもないのに、同僚の一人が「近頃のあんたには、何か、鬼気のようなものを感じる」と言ってくれたこともあります。でも、やっぱり「死にともない」のです。何年経っても、何年経ってもダメでした。

これは「死」をまだまだずっと先のことだと考えているためではないかと、考えました。それで、父が亡くなった年齢である六十三歳の十一月三十日を私の最期の日と、心に決めました。

午前四時起床、全身の冷水摩擦、勤行、勉強……という毎日を心に決めた「私の最期の日」を目指して、何年、年を重ねたことでしょう。でも、どこまでいっても、やっぱり「死にともない」のです。

とうとう、六十三歳になっても、十一月になっても、あせっても、あせっても、というよりは、あせれば、あせるほど、余計「死にともない心」が力を増す気さえするのでした。

そして、どうにもならないまま、十一月三十日を迎えてしまいました。どうにもならないまま、その日が暮れ、遂に空しくその時刻を迎えてしまいました。

精も根も尽き果てて、如来さまの前に額（ぬか）づいたまま、頭が上がりませんでした。ずいぶん長い間、頭の上がらないまま、額づき続けていました。

その私に声が聞こえてくださいました。はっきり聞こえてくださいました。それは『歎異抄』第九のお言葉でした。

「念仏申し候へども、踊躍歓喜（ゆやくかんぎ）のこころおろそかに候ふこと、またいそぎ浄土へまゐりたきこころの候はぬは、いかにと候ふべきことにて候ふやらん」と、親鸞聖人にお尋ねした唯円房さまのお声でした。ハッとしました。唯円房さまは、後の世に生まれてくる「死にともない私」に代って、「私」のために、この質問をしてくださったのだと思いました。その質問に対して、親鸞聖人が「死にともない私」をお叱りになるのでなく、「親鸞もこの不審ありつるに、唯円房おなじこころにてありけり」と、「死にともない私」のためにお答えくださっているのを感じました。親鸞聖人が高いところからではなく、「私」と同じ座までおりて、大きくうなずきながらお答えくださるのが何とも言えず、ありがたく思われました。そして、「よくよく案じてみれば、天にをどり地にをどるほどによろこぶべきことを、よろこばぬにていよいよ往生は一定とおもひたまふなり」「よろこぶべきこころをおさへて、よろこばざるは煩悩の所為なり」「しかるに仏かねてしろしめして、煩悩具足の凡夫と仰せられたることなれば、他力の悲願はかくのごとし、われらがためなりけりとしられて、いよいよたのもしくおぼゆるなり」と、答えてくださっているのです。「われら」の中に、親鸞聖人も唯円房さまも「死にともない私」も含めてくださっているのが、何ともありがたく思われました。三人でご一緒に「煩悩具足の凡夫」をお目あてに現われてくださった、真如の月を仰がせていただいているような感動がこみあげてきました。

「死にともない私」のままでよかったのです。「死にともない私」を「殊勝な私」にする必要はなかったのです。「死にともない私」を「殊勝な私」にする力など「私」にはなかったのです。そんな力が「私」にあるのだったら、「他力の悲願」などなかったのです。

「なごりおしくおもへども、娑婆の縁尽きて」「ちからなくしてをはるときに」「かの土」へ参らせてもらうのです。よろこび勇んでではなく、しようことなしに、「いそぎまいりたきこころなきものを、ことにあはれみたまふ」み仏のところに帰らせていただくのです。「死にざま」をとり繕う必要なんか微塵もなかったのです。七転八倒、「死にともない」と、わめきながら終っても間違いなく、摂め取っていただける世界が既に成就されていたのです。

『歎異抄』は、何べんも、何べんも、暗記するほど読んでいたつもりの私でした。しかし、字づらだけしか読んでいなかったのです。

そして、気がついてみましたら、父は「がんばってここまで来いよ」と、私に教えたくて、私を呼び寄せてくれたのではなかったのです。「生」も「死」もお預けする以外ないのだよ。「生」も「死」も「み手のまんなか」のことなんだよと、私に教えたかったのです。

あまり苦しまずに、家族にも、まわりの皆さんにも、あまり迷惑をかけずに、できることなら、父のように静かなよろこびの大往生を遂げたいのは事実です。でも、そんな死にざまを選びとることのできる力が私にあるのなら、法蔵菩薩の「五劫思惟」のご苦労もなかったのです。七転八倒、のたうちまわり、「死にともない」と、わめきながら死ぬかもしれない私なのです。そういう私のために「死にざま」などにかかわりなく、必ず、まちがいなく、摂取して捨て給わぬ救いが成就されていたのです。ですから、たとい七転八倒の最期を迎えることになっても、安心して七転八倒させていただけるのです。

私は、三年前、既に初期の段階を過ぎているといわれた癌の手術を受けました。手術室に運ばれるとき、みんなが「がんばっておくれ」「がんばるんだよ」と、一生懸命励ましてくれました。その気持ちはうれしいと思いましたが、生も死も、手術の成功も不成功も、すべてをお預けしてしまった以上、私のがんばる余地など微塵もない、この軽々とした爽快な気持ちを伝えることのできないもどかしさを感じるばかりでした。

でも、長い廊下を幾つも曲がって、二階の手術室に運ばれるエレベーターに乗せられたときだったと思います。満月に雲がかかったように、ふと、手術中に亡くなった知人のことが思い出されました。が、同時に『歎異抄』第九の親鸞聖人のお言葉が思い出され、満月にかかった雲が払いのけられたばかりか、満月がいよいよ冴えわたってくるのを感じました。たとい、手術が失敗して、七転八倒の最期を遂げることになっても、間違いなく「安心」して七転八倒させていただくばかりだと、如来さまの本願にめぐりあうことのできた安らぎを実感させていただきました。

それにしても、気がついてみると、「父の死」にであったのが「二十七歳」だったのですから、ずいぶん長い間、決して決して、怠けていたわけではなかったつもりですが、無駄足ばかり運んでいたものだと思います。

『蓮如上人御一代記聞書』の中に、「その籠(かご)を水につけよ、わが身をば法にひてておく（浸しておく）べきよし仰せられ候ふよしに候ふ」というお言葉があるのですが、私は金輪際、水のたまるはずのない竹籠の身で、水を汲み上げようとばかり努力していたということのようです。

私が若い頃、一生懸命読んだ本の中に『哲学以前』というのがあります。著者は出隆先生でした。この方は、哲学者であられるとともに、神伝流の水泳の達人でもあられたと聞いています。その出先生が水泳のことをお書きになった文章の中に、「水には、浮力がそなわっている。だから、心を無にして、身も心も水に預けると、おのずから浮かぶ。しかるに、水に溺れる人があるというのはどういうことであるか。溺れた人を考えてみると、案外、浅いところで溺れている。浮力に足をすくわれ、『しまった！』とあわててしまい、その『心の重み』で溺れているようである」という意味のものがあったことを思い出します。私も「死にともない心」を何とかして超えなければ……という、あせり心の重みで長い間、苦しんでいた、ということのようです。

道元禅師さまが『正法眼蔵』の中で、「ただわが身をも心をもはなちわすれて、仏のいえになげいれて、仏のかたよりおこなわれて、これにしたがいもてゆくとき、ちからをもいれず、こころをもついやさずして、生死をはなれ、仏となる」とおっしゃっているのも、後になって気がつかせてもらってみると「そうだ、そうだ」と、うなずかせていただけるのですが、水を汲み上げることのできない竹籠で、何年も何年も水を汲み上げようとして、あせっていた愚かな私であったのです。結局、わがはからいを頼みにする「傲慢さ」と「愚かさ」から逃れられない私であるということでしょう。

第三章

如来さまの救い

「わが身の死」よりもつらいこと

私は「人生という学校」で、いちばん大切で、しかも厳しく、むずかしい勉強は「わが身の死」をどうお受けし、どう超えさせていただくか、という勉強だと思っていました。そして、その勉強は父の導きと私の癌手術の体験を通じて、学び終えさせてもらった、と思っていました。

ところが、私には、死ぬにも死ねぬ事態が待っていました。「わが身の死」よりもつらいことが待っていたのです。昨年の三月のはじめでした。私の後継者として期待し、頼りにもしておりました長男が小学校に勤めていたのですが、体育の授業で子どもたちと一緒に運動場を走っております途中、突然、倒れてしまったのです。

学校では、すぐに救急車の手配をしてくださり、近くの病院に運んでくださったのだそうですが、病院の先生のお話では、そのとき、すでに呼吸も心臓も停止していたということでした。知らせを聞いて、私がかけつけたときには、長男は集中治療室に移されており、人工呼吸器が音をたててゆれていました。朝、「いってまいります」「いってらっしゃい」と、互いに手を振りあって別れてから二時間もたたない後のできごとでした。

全く「一寸先は闇」だと思いました。しかも、これは「特別のこと」ではないのだと思いました。「一寸先は闇」という言葉の底には、一人や二人や、百人や千人ではない多くの人たちが、私の息子と同じようなことにであってきた、ということだと思いました。今年や去年だけのことではなく、何万年もの昔からたびたび、こういうことがあった、ということだと思います。その数知れぬ多くの人々のうめき声が「一寸先は闇」なのだと思いました。

きょうは、息子が倒れてから三四一日目になります。ときどき、目を開いてはくれますが、目の前に物を近づけても、離しても、左右に動かしても、少しも反応がないのは、多分、何も見えていないということでしょう。毎日、孫たちの勤行のテープをイヤホーンで聞かせてやりますが、聞こえてはいないようです。三人の愛児の必死の呼び声も届かない、遙かな世界を生きさせていただいているようです。

息子の病室と同じように、入口に「面会謝絶」の札が下がっている病室がありますが、その室から病人の方の「うめき声」が聞こえてくることがあります。その「うめき声」を申しわけないことながら「うらやましい」と、感じることがあります。うちの息子は、つらさも苦しさも、それを感じる力さえ失ってしまっているらしいからです。倒れてから、三百四十幾日、声は「うめき声」さえ発してくれません。栄養は、鼻孔から胃までさし込まれている細い管によって送ってもらっています。

そういう息子の顔を見ながら「代ってやれない」ということが、こんなに厳しいことであったのかと、痛感させられています。たとい「癌」であろうが、「わが身の死」であろうが、それが「私の荷」であるなら、「誰か代っておくれ」などと泣き言を言わないで背負わせていただけそうだと思っていましたが、「代ってやれない」ということは、「代ってもらえない」ことなど、比べものにならないほど、厳しいことであるようです。しかし、このことも「死ぬにも死ねぬ」という言葉があることを考えると、数知れぬ多くの人々が、このつらさを味わってきたということだと思います。

この息子も、もう一週間もしますと「四十七歳」にしていただきます。主治医の先生と、親切な看護婦さんたちの見守りと、昼、夜を通してのお世話のおかげです。いつこわれても、少しも不思議でないシャボン玉が、きょうもこわれずに…と思いますと、お念仏申さずにはおれません。

それに、先ほども申し上げました通り、倒れてから三百四十幾日、「うめき声」さえも発してはくれませんが、倒れて以来、誰よりも「私」のために「無言の大説法」をいのちがけで続けていてくれるのを感じます。おかげさまで、私自身の聴聞の甘さに気づかせていただき、長い間、あいまいなままにしておりました大切な問題をたくさん確かめさせていただくことができました。

その第一に「救いとは何か」という問題があります。村の皆さんは、「半世紀も住職として、如来さまのお給仕をしてきた住職が癌にとりつかれて手術を受け、いまだに点滴を受けるために通院しているという事実。寺の大切な後継者が四十六歳という若さで、突如、意識まで失ってしまったという事実に対して如来さまは、何もなさることができないのか」という疑問を持っているのを感じます。これは「救いとは何か」という問題になります。

「無病息災」「商売繁盛」「家運隆盛」等々を与えてもらうのが「救い」だと考えている人の多い今の世の中です。そういう中で、寺の住職が難病にとりつかれたり、寺の後継者が意識不明になったりするのですから、多くの皆さんが不審に思われるのが当然のようにも思われます。でも、いったい「救い」とは何なのでしょうか。無言の息子は、「父よ、この問題をごまかすことなく聴きひらいてくださいよ」と、厳しく迫っていてくれます。

なお、世間の皆さんの中には、如来さまの御意に逆く悪人には、懲らしめのために災難や「禍(わざわい)」を与え、御意にかなう善人には「福」をお与えになるのが「如来さま」だと信じている方がずいぶん多いように思います。そういう方には、私や息子がただ今直面している厳しい事実が「仏罰」と見えるようです。よくよく考えてみると、どんな「仏罰」が当たっても、文句の言いようのない私どもであることは事実です。しかし、「凡・聖・逆・謗」を斉しく摂取してくださる如来さまが「罰」など、お当てになるはずがありません。

また、世間の皆さんの中には、一心にお祈りし、一心にお願いすれば、私たちの願いごとをかなえてくださるのが「如来さま」だと信じている方が多いようですが、果たしてそうでしょうか。

「救い」とは何か

たびたび申し上げておりますように、私どもが今直面しています事実は、私にとって「自分の死」以上に厳しいものです。しかし、これは、こういうことに直面しなければならない「因」や「縁」（条件）が、私どもの側にあったのです。誰かが与えたものではなくて、私どもが、知らず知らずのうちに、いつの間にかつくっていた「因」や「縁」が、とうとう熟して、こういう「果」になってあらわれたのです。

しかも「因果の道理」は、如来さまでもお曲げになることができないのです。私たちに如来さまのご本願を届けるために人間世界にお生まれになったお釈迦さまでも、人間にお生まれになった以上、「死」をお避けになることはできないのです。キリストのような尊いお方でも「因」と「縁」が熟すれば、信頼なさっていたお弟子に裏切られ、いばらの冠を被せられ、太い釘で、お手やお足を十字架に打ちつけられ、お体の重みで肉が避け、血がしたたり落ちるというようなむごい状態で引き廻しにおあいになり、処刑されなさったと聞いています。

では、如来さまは、何もお出来になれないのでしょうか。

『観無量寿経』の「諸仏如来是法界身　入一切衆生心想中（諸仏如来は、是れ、法界の身なり。一切衆生の心想の中に入り給う）」というお言葉を思い出します。私たちの心や想いの中にお入りくださって、「苦」を超えさせてくださるのです。

北海道の知床半島のつけ根のところに西念寺というお寺があります。そのお寺の坊守であられた鈴木章子さんは、はじめは乳癌ということでしたが、それが左肺に転移、さらに右肺に、両肺全体に散弾をうち込んだようにひろがり、子宮に、卵巣に、最後は脳に転移。昭和六十三年十二月三十一日、四十七歳という若さで往生されました。「乳癌が左肺に転移して、手術のため北大病院に入院しています」という便りをいただいたのは、私が癌手術のため入院する直前でした。

私はすぐ、「如来さまは、真如の世界にじっとしておいでになることができず、あなたさまのご病床におでましになり、『阿弥陀経』の『今現在説法』という言葉そのままに、あなたのために、今も現にご説法なさっているはずです。あなたがお気づきになったことは、あなたが気づかれたというよりは、如来さまが気づかせてくださっているのでしょう。どうか、できるだけ努力して、そのご説法を記録してください。記録することによって、ご説法がいよいよはっきり確かなものになって、あなたに届いてくださるばかりか、ご縁のあられる皆さんにとっても、大切な指針となってくださるでしょう」と、お願いしました。

それに対して、鈴木さんは、またすぐ返事をくださり、「ご説法は、お寺でお坊さまから聞くものと思っていましたら、この病床がご説法を聴聞する一等席であったとは」と喜んでくださり、それから、亡くなられるまでの一年四カ月ばかりの間に、大学ノート五冊、二八〇篇近い記録を『私の如是我聞』として、書き遺していてくださるのです。

その中に、「交通事故などで、突然の死を賜わっても仕方がないのに、癌を賜ったおかげで、生死の一大事について、尊いお育てをいただくことができた」と、「癌」に感謝なさっている記録があります。「癌」を喜びのタネにしていらっしゃるのです。「癌」を超えていらっしゃるのです。

また、「四十六歳」という詩を遺されています。

四十六歳

死の問題は
今　始まったのではない
生まれたときから
もう始まっていたのです
点滴棒をカラカラ押して

青白い顔に　幼さを残して歩く
九歳の少年に…
母親に抱かれ　乳を吸う力もない赤ん坊の
さげられた管の数々に……
気がつけば
私　四十六歳
ありがたい年齢だったのです

というのです。一人のお嬢さんと三人の坊っちゃん、四人のお子さんをお持ちの四十六歳という女の盛りの癌です。その「四十六歳」という年齢を「嘆きの年齢」としてでなく、「四十六歳でよかった」と、「しあわせな年齢」にして感謝しておられるのです。

鈴木さんがお受けにならなければならない「癌」は、如来さまでもとり除いてくださることができないのです。しかし、「癌のおかげで…」とお受けになる鈴木さんには「癌」が「苦」にはならないのです。沈む以外にない「カナヅチ」の私が「船」に乗せていただくと、海がどんなに深くても「苦」にならないどころか、楽しく、向こう岸に渡していただけるようなものです。

前に申し上げました通り、鈴木さんの「癌」は、最後には頭に転移するわけですが、ご主人鈴木真吾師からのお便りによると、

「脳手術のために、クリクリ坊主になった自分の頭を指して、

臨終は　私の　卒業式

そして

お浄土の　入学式

わたし

お浄土の一年生よ

と笑ってみせてくれました」

と、ありました。「死」も「苦」にはならないのです。

私が大切にしている冊子の中に『甦った人』というのがあります。久田徳三さんという死刑囚の方の最期のことが誌されています。

久田さんは、死刑囚として投獄されてから、教誨師の方の導きで「大いなるいのち」に目覚められたのです。いよいよ、最期の日には、処刑の前にお別れの式があるのだそうです。その式の行事のすべてが終ったとき、拘置所長さんから煙草が一本渡されるのだそうです。たいてい死刑囚の方は、その一本の煙草をゆっくり、ゆっくり、できるだけ時間をかけて吸われるそうです。でも、どんなにゆっくり吸っても、煙草のすべてが灰になって地に落ちるときがきます。そのとき、「それでは…」ということになって、カーテンの向こうの十三階段をのぼっていくのだそうです。

久田さんも、とうとう、その煙草をもらうときを迎えてしまいました。ところが、久田さんは「久しぶりの煙草、まことにありがとうございますが、久しぶりの煙草によって頭がぼんやりしておりましては、せっかく、尊い世界に生まれさせていただくのに、申しわけございませんから……」と、煙草を断って、係官の方々が感動されるような確かな足どりで、十三階段をのぼっていかれたといいます。

久田さんも「死」が「苦」にならない世界をいただいておられるようです。

神戸の盲学校の全盲の六年生の子どものことを聞かせていただいたことがあります。

「先生、そりゃ、もし見えたら、真っ先にお母ちゃんの顔を見たいわ。でも、もし見えたら、ぼくなんか、あれも見たい、これも見たいということになってしもて、気が散ってダメになってしまうかもわからへん。見えんかて、別にどういうこともあらへん。先生、見えんのは、そりゃ不自由やで。でも、ぼく、不幸や思ったこと、いっぺんもあらへん。先生、不自由と不幸は違うんやな」

と、言ったといいます。

大好きなお母さんの顔さえ見たことのない、光のない世界を生きているこの子どもです。でも、何という明るさでしょうか。「闇」が、この子には「闇」のはたらきをしないのです。如来さまの大悲は、死刑囚の方の上にも、子どもの上にも注がれているのです。私たちがそれぞれに背負っている「因（タネ）」や「縁（条件）」によって癌にかかったり、死刑囚になったり、光のない世界を生きることになったりするのでしょうが、「苦」になるべき事柄が「苦」のはたらきをしなくなる世界、これが「救い」の世界ではないでしょうか。しかし、「でも、それでは、『現実』の救いにはならないではないか。われわれの欲しいのは『現実』を変える『救い』だ」

と、考える方があるかもしれません。でも、「お救いの世界」では、その「現実」が輝いてくださるのです。

さきほど紹介させていただいた、鈴木さんからいただいたお便りの中に、

「癌を得てから、私は、主人と寝室を別にしてもらいました。癌につきあって

もらっていたら、主人のからだが壊れてしまうからです。このことを私は、『おやすみ』という詩にしました」

おやすみ

「お父さん　ありがとう　またあしたあえるといいね」と手を振る
テレビをみている顔をこちらに向けて主人が
「お母さん　ありがとう　またあしたあえるといいね」と
手をふってくれる
今日一日のしあわせが　胸いっぱいに　あふれてくる
そして　朝は
「お父さん　あえたね」
「お母さん　あえたね」と
恋人同志のような暮らしをしています

振りかえってみると
この四十六年間　こんなあいさつを
一度だって　したことがあったでしょうか
みんな
がんをいただいて気づかされたことばかりです

と、ありました。

「お救い」の中では「現実」がこんなに輝いてくださるのです。「光明遍照（こうみょうへんじょう）」なのです。

鈴木さんはお寺に生まれ、お寺に嫁がれた方です。そのことと鈴木さんがいただかれた世界とは、大きくかかわっています。

しかし、そういう仏縁に恵まれない方の上にも如来さまの大悲は、いっぱいに注がれているのです。

だいぶ前に出たものですが、毎日新聞の社会部から『幸福ってなんだろう』という書物が出版されました。その「はしがき」に東京本社の社会部の部長さんが次のようにお書きになっています。

○

昨年十二月、私の最愛の人が、四十八年の生涯を終って永遠のねむりについた。乳癌手術後の転移癌であった。その年の三月から脊椎を侵されて下半身がマヒし、大阪の自宅で寝たきりであった。医者はあと半年の命と宣告した。私は、その頃、勤務地の福岡にいた。離ればなれの二人は、毎晩、短い電話をかけあった。彼女の枕もとの電話機が、夫婦の心を知っていよう。彼女は、自分の病気が何であるかを知っていた。

死ぬ一カ月前、真夜中に電話をかけてきた。いつもの澄んだ声である。

「起きていらっしゃる？　こんな真夜中に電話をかけて、ごめんなさい」

「痛むのかい？」

「ええ、痛むの。でも…」

しばらく、声がとぎれた。

「私の一生は、ほんとうに、しあわせな一生でしたわ」

泣いているようである。妻よ、感謝すべきはこの私ではなかったか。二十三年間、ずいぶん苦労をかけてきたのに、彼女は、私と子どもたちの太陽であったのに……。


奥さんには、自分の病気が何であるかがわかっていらっしゃるのです。恐らく、痛みを通して、最後の日が近いことを知られたのでしょう。すると、大きな愛情に包まれて生きてきた四十八年の生涯が輝いて見えてきたのでしょう。その感動を自分ひとりで感動するに忍びず、真夜中に電話で訴えられたのでしょう。すると、ご主人もまた、共に過ごしてきた人生の輝きを感動せずにはおれなくなられたのでしょう。

ご主人や奥さまが、仏法にご縁のあった方であったかどうかは、わかりません。しかし、如来さまは、仏縁があろうがなかろうが、死を前にしている人を無視することがおできになれず、光明を放って、このご夫婦が共に生きてこられた人生の輝きをお見せになったのでしょう。

この事実こそ「お救い」の事実と言えましょう。如来さまは、具体的には、このようにして、私たちを「生きてよし、死してよし、どことてもみ手のまんなか」の世界をお恵みくださるのです。

いつかも、私のところの嫁が「悲しみを通さないと見えてこない世界を見させていただけはじめた気がします」と、訴えてくれました。嫁の上にも、如来さまの大悲が注がれているのを感じ、お念仏申したことでした。

昨年二月、NHKラジオの「宗教の時間」で大変お世話になった京都放送局の多田穣氏が「生きてよし、死してよし、どことてもみ手のまんなか」の世界を生きる人のことを「お浄土と人間世界の二重戸籍の住人」とおっしゃったことが忘れられないのですが、「お救いの事実」を見事に言い当てられた言葉だと思います。

「如来さま」はどういう方でいらっしゃるのか

私が「癌」にとりつかれたり、大切な息子が突然、意識不明になってしまったりしたことを知られた北海道の未知のご婦人から、ぶ厚い封書をいただきました。

「阿弥陀さまや親鸞さまを頼りにし、『法華経』に尻を向けているから、仏さまが『仏罰』をお当てになったのです。日蓮大聖人様も『念仏無間（むげん）』とおっしゃっているではありませんか。『念仏無間』のお言葉そのままのことにであっておられるのです。寺の住職としての体面もあるでしょうが、そんなものは、いさぎよく振りすてて、『法華経』と日蓮大聖人様に帰依しなさい。災難はたちどころに消滅します。私が自分の体験で申し上げているのです。間違いはありません」

という趣旨の手紙でした。遠く離れた、見たこともない他人のために、ぶ厚い手紙をくださったのは、ほんとうの親切心からのことであったと思います。

私は、そのことについて心からのお礼を述べるとともに、

「私は、半世紀以上も学校の教員を勤めてきましたが、勉強のできない頭の悪い子を見捨てたり、教師のいうことを聞かないで、非行を重ねる子どもを罰で脅したり、退学させたり、告訴したりする教員にだけはなりたくないと考えてきました。勉強がわからなくて、学校へ来る楽しみを失っている子どもには、つまずきの原因を確かめてそれを正し、わかるよろこびを育ててやるのが教員というものの仕事だと考えてきました。教師に背き、非行を重ねている子どもには、その子がそうしなければならないわけを確かめ、ほんとうの生きがいに目覚めさせるのが教員の仕事だと考えてきました。私が、そのように考えざるを得なくなったのは、せっかく寺に生まれさせていただきながら、如来さまに逆き、如来さまを謗る罪をさえも犯してきた私を如来さまは、罰することもなさらず、憎むことも

なさらず、見捨てることもなさらないばかりか、ひたすらに愛し、ひたすらに私の目覚めを待ち、ひたすらに生かし続けていてくださったのです。気がついてみたら、逆いている真最中も、謗っている真最中も、私は阿弥陀さまのお慈悲のどまんなかにいたのです。それ以後、私は仏さまであろうが、学校の先生であろうが、家庭の親であろうが、『凡・聖・逆・謗』を斉しく抱きとってくださる方は『ほんもの』。見捨てたり、罰を与えるような方は、どんなに大評判の方であっても『にせもの』と考えるくせがついてしまいました。『法華経』の尊さも『日蓮様』のお偉さも、よく存じているつもりですので、そのすじの先生方とも大変おこころやすくしていただいております。私どもが、ただいま、大変つらく厳しいことにであっているのは事実ですが、これは『仏罰』などではなく、私どもが長い間、知らず知らずの間につくってきた『因（タネ）』や『縁（条件）』によるものので、つつしんでお受けするしかございません。それにつけましても『たとい罪業は深重なりとも、必ず救う』と呼んでくださる『阿弥陀さま』をいよいよ頼もしく、仰がせていただくばかりです。どうか、ご縁がございましたら、あなた様も『凡・聖・逆・謗』を斉しく摂め取ってくださる『阿弥陀さま』のお呼び声に耳を傾けてくださるようお願い申しあげます」

という意味の返事を差し上げたことでした。

さて、このご婦人だけでなく、世間には、ずいぶん多くの方が仏さまの御意に従う者には「吉事」や「福」が与えられ、仏さまの御意に逆く者には「凶事」や「禍」が与えられると信じておられるように思います。もちろん「諸悪莫作（もろもろの悪をなすことなかれ）」「衆善奉行（衆善を奉行せよ）」「自浄其意（自らそのこころを浄うせよ）」は、是れ、もろもろの仏の教え給うところ（是諸仏教）であるわけです。

どのような悪人も必ず救うという誓いを立てて仏さまにおなりになった阿弥陀さまでも、「悪」がお好きであるはずはありません。しかし、諸仏さま方から困られ、見放されつつも、なお「悪」をつくらずにおれない「人間」というものの憐れさを、どうしても見過ごすことがおできにならないのが「阿弥陀さま」という如来さまなのです。私は、長い間、教育という仕事を通じて、如来さまのご本願を仰ぎ、大悲を偲び、お育てをいただいてきたわけですが、その私の仲間に井上和昌という先生がいます。

その井上先生が四年生を担任したとき、M君という、みんなから困られている子どもがいました。仲間が掃除していても、少しも協力しないばかりか、せっかくみんなが掃き集めたゴミを蹴散らしてまわります。仲間が机を整頓すると、ひっくり返してまわります。そういうとき、これまでの担任の先生は、厳しく叱りましたが、井上先生はなぜか叱りません。子どもたちには、それがまた不満でした。みんながM君に忠告しても、M君は聞き入れようとはしません。

とうとう、学級委員の女の子が腹を立てて、M君のことを作文に書きました。それには、井上先生も知らないM君の行動もたくさん書かれており、「どうして先生はMちゃんに甘いのですか。もっと厳しく叱ってください」という要求も書かれていました。

井上先生は、その作文をコピーして、みんなに配りました。みんなも全く同感でした。「M君は、どうしてぼくらの言うことを聞いてくれないのか?」「Mちゃんは、どうしてわたしたちの嫌がることばかりするのですか?」と、M君を追及する声が湧き起こりました。

M君は、黙って、下を向いたままです。

「M君、君にも言いたいことがいっぱいあるはずだ。言ってごらん」

と先生が言っても、一言も言いません。

「言えないかもしれないな。ほんとうにつらいときには、口には言えないからな。では、M君、言いたいことを書いてみないか」と、書くことを勧めました。

作文の大嫌いなM君でした。作文なんか一度も書いたことのないM君でした。が、そのM君が、ぎっしり、いっぱい、作文を書いてきたのです。それには、赤ん坊のときから、オシッコのくせが悪かったこと。よその同年の子どものオムツがとれても、オムツがとれなかったこと。幼稚園に行くようになっても、パンツがぬれたこと。みんなから「くーさいぞ」「くーさいぞ」「しょんべんこき」「しょんべんこき」などと言っていじめられたこと。いじめられるのが嫌で、家に閉じ籠るようになったこと。運動しないのでぶくぶく太ってきたこと。日に当たらないので色が白くなったこと。「白ブタ」「白ブタ」といじめられたこと。それをじっとがまんしていると、「白ブタを怒らせる遊びをしようや」などと言って、持ち物を隠したり、履物を隠したりされたこと。腹を立てると、「白ブタが怒った！」「白ブタが怒った！」とはやし立てられたこと。「いつかきっとかたきをうってやるぞ。もうおまえたちの言うことなんか、絶対聞いてやるものか」と考えるようになったことが、ギッシリ書かれていたのです。

先生は、それをコピーして、みんなに配りました。子どもたちは、びっくりしました。M君を困った子にしていたのは自分たちであったことがわかったからです。

「M君、ごめん！」

「Mちゃん、ごめん！」

みんな、泣きながら、M君に詫びました。そうなると、M君も、たまらなくなってしまいました。泣きながら、みんなの前へ出て、

「ぼくこそ、みんなの困ることばっかりやってごめん！」

と詫びました。

M君が、いきいきとして登校するようになりました。教室の雰囲気がいっぺんに変ってしまいました。

いちばん喜ばれたのは、お母さんでした。工場へ出勤するのを二時間も遅刻して、手紙など一度も書いたことのなかったお母さんが、忘れた字を思い出しながら、学級の子どもたちにお礼の手紙を書かれたのです。

それには、寝小便のいい薬があると聞くと、どんなに高価でも買い入れて服用させたが、効き目がなかったこと。鹿児島にいいお医者さまがおられると聞いて、

わざわざはるばる診てもらいに行ったが、効き目のなかったこと。どうしてお前はオシッコのくせがそんなに悪いのかと叱ったこと。親でも、どうしてやることもできなかったのに、皆さんのおかげで、Mがいきいきと学校に行くようになってくれましたと、ギッシリ書かれていました。

子どもたちは、また、びっくりしました。M君だけでなく、M君のお母さんや家族の皆さんをまで、長い間、苦しめていたことに気づいたのです。

みんなが、お母さんにお詫びの手紙を書いて届けました。それをお母さんが感激して、また手紙を書かれました。

そのお母さんの手紙を先生は「学級通信」に載せて、家庭に配りました。親御さんたちがびっくりされました。M君という困った子がいるということは、子どもたちから聞いて、みんな知っておられました。が、「M君の親御さんは、どうしてM君を指導しないのか」と、よそごとに考えておられたのです。ところが、それをよそごとに考えていた自分たちが、M君やM君の家の皆さんを長い間、苦しめていたことに気づかれたのです。

このことがもとになって、子どもの問題をみんなの問題として勉強し合う勉強会が発足し、井上先生とご縁が深いというので、私までその会に参加させてもらうことになってしまいました。

さて、井上先生は、なぜ、M君の困った行動を叱らなかったのでしょうか。どんな子も、みんなから困られ、嫌がられるような悪い子になりたい子は一人もいないのです。それだのに、みんなから困られるようなことをするのは、そうせずにはおれないわけがあるはずなのです。そのわけをわかってやろうともせず、行ない（おこ）の結果だけをどんなに厳しく責めても、何の救いにもならないことを井上先生は、知っていたのです。そして、そういうM君がかわいそうでたまらなかったのです。

この心は、井上先生が如来さまの「大悲」から学んだものです。そして、M君たちの問題の解決のために、このような方法を選んだのも如来さまのお心に導かれてのことだったのです。

如来さまのお救いは、表面だけの間に合わせのお救いではないのです。私たち人間の根源にうごめいている「罪」「業」ぐるみの根こそぎのお救いなのです。M君だけでなく、M君にご縁のある仲間も、その親御さんたちまで、みんな目ざめずにはおれない、根底からのお救いなのです。そういうお救いの主が如来さまであってくださるのです。

滋賀県から密教の修行をなさっているという若い方が、わざわざ私たちのために来てくださいました。その方は、さすがに私たちが直面している厳しい事実を「仏罰」だとは言われませんでした。「どんな災難も苦しみも、みんな私たちの側に、そういうことにであわねばならない『因』と『縁』とがあるからです」とおっしゃっていましたので、私も大きくうなずかせていただきました。

ところが、「私がまだその力がありませんが、私の師匠は多くの皆さんの災難の『因』や『縁』を確かめ、それを正すことによって、多くの方を救っていらっしゃいます。あなたも一度、師匠に災難の『因』や『縁』を見てもらわれてはどうでしょうか」

と、おっしゃるのです。私は申しました。

「ご親切、まことにありがとうございます。仰せの通り、私どもがこういう事実にであわなければならないのは、その『因』や『縁』が私どもの側にあるからです。しかし、機械のどこか一部分が狂っているのであれば、『因』や『縁』を正せば、機械が正常に稼働しましょう。ところが、私どもの場合は、機械全体が救いようのないものになっているということです。こうなりますと、『たとい罪業は深重なりとも、必ず救う』と呼びかけてくださる阿弥陀さまに罪業ぐるみお預けする以外、他の道は、一つもございませんので…」

と言って、お帰りいただいたことでした。

その後、間もなく、

「近頃、大評判の名高いお坊さまが御祈禱によって、多くの皆さんの災難を救っておいでになります。一度、御祈禱をお願いしてみられては如何ですか」

と、勧めてくださった方がありました。

「ご親切、まことにありがとうございますが、阿弥陀さまは、こちらが一心込めてお願いしなかったら、私どものことを気にかけてくださらぬ如来さまではないのです。拝まない先から拝まない者も拝んでいてくださるのです。拝まないときも拝んでいてくださるのです。祈らぬ者も、祈らぬときも、如来さまの方から祈ってくださっているのです」

と言って、帰っていただきました。このことについて思い出すことがあります。

真夜中、けたたましい、電話のベルが鳴りました。こんな夜中にどなたが…と、大急ぎで電話台のところにかけつけて、受話器をとりました。もう、一刻の猶予もならぬという感じの聞き覚えのない、若い男の人の声が響いてきました。

「まわり中のみんなが裏切り、逆き、見放し、生きる気力を失いました。それで今から首を吊ろうと思うのですが、ちょっと気にかかることがありまして

「……」

「何が気にかかるのですか」

「『南無阿弥陀仏』と称えて首を吊ったら、間違いなく、仏さまの国へ往けるんでしょうね」

というのです。私は、思わず、どなりつけました。

「ダメです。やめときなさい。あなたのこしらえものの『南無阿弥陀仏』なんか屁のつっぱりにもなるものですか」と。

これは、意外！ という感じの弱々しい声で、

「では、どうすればいいのですか？」

「どうすればいいかって。あなたは、まわり中のみんなが裏切り、逆き、見放した、とおっしゃる。まわり中のみんなどころか、かんじんのあなた自身、今、あなたを見放そうとしているではないか。そのあなたまでが見放そうとしているあなたをなお見放すことができなくて、『つらいだろうが、どうかもういっぺん

考え直して、しっかり生きておくれ』と、必死になって叫んでいらっしゃる方のお声があなたには聞こえないのか？」

「どうにも、そんな声なんか……」

「何を言っているのか、いま、あなたは激しく、こちらまで響いてくるような音をたてて呼吸しているではないか。その呼吸が、ホラ、今も『どうか考え直して生きておくれ！』と、叫んでいるではないか。あなたの胸のドキドキが『死なせてなるものか！』と、激しく叫んでいるではないか。それがほんとうの『南無阿弥陀仏さまのお声』なのです。このほんとうの『南無阿弥陀仏』にであわなかったら、生きても死んでも、あなたの人生は空しいのです」

と、申しましたら、

「何だか、大変な考え違いをしていたようです」

と、電話が切れました。その声の響きから、自殺はやめにしてもらえたと確信できましたので、私もホッとして、床についたことでした。

この電話を通じて、私は法如上人の、

「助けてくだされよというにあらず、助かってくれよとある仰せに、従うばかりなり」というお言葉を、しみじみ、ありがたく、思い出させていただきました。

それとともに『大無量寿経』の「至心廻向　願生彼国　即得往生　住不退転」のご文をどんなお偉い方も「至心に廻向して、彼の国に生まれんと願ずれば、即ち往生を得、不退転に住せん」とお読みになってきたこと、その「至心廻向」を親鸞聖人は『教行信証』の中で「至心ニ廻向シタマヘリ」と、送り仮名をつけておいでになることを思い出させていただきました。こちらから如来さまへの「至心」「廻向」ではなく、「如来さま」から「私」への「至心」であり「ご廻向」であることを親鸞聖人は、お教えくださっているのです。

私も息子も今、如来さまの「至心」の中にいるのです。如来さまの「ご廻向」の中に生きさせていただいているのです。

私には、二歳下の妹がいます。お寺に嫁いだのですが、間もなく、住職に戦死され、苦労してきた妹です。その妹も、三年前乳癌の手術を受け、今も血圧が高くて通院しているようですが、便りをくれました。

「お互いに、ひび割れた古茶碗の身の上で、いよいよ終着駅が見えてきた感じです。しかし、いつ壊れてもみ手の真ん中であることを幸せに思います」

と、ありました。私も、すぐ返事を書きました。

「全く、同感。壊れてから拾っていただくのであれば、ひょっとして、如来さまがお目こぼしをなさったら……という不安も残るが、ひび割れて汚れた古茶碗である現在ただ今、み手の真ん中なのだから、いつ、どんな壊れ方をしても、大安心だね」

と、書き送ったことでした。

父の最期

宇治田迪代

但馬にも遅い春が来て、白木蓮が清らかに咲きそめた四月十四日、日曜の朝、父は自転車で手紙を出しに行く途中、事故にあい、四日目に息を引きとった。最初は意識もあったらしいが、二、三時間後、CT検査を受ける頃には、それもおぼつかない状態であったのに検査室から、力を込めた大きな声が聞こえて来た。耳を澄ましたけれど、最後の「南無阿弥陀仏」の他は経文らしいことしかわからなかった。これが私たちの聞いた父の最後の声だった。頭蓋骨にひびが入り、脳内出血をしていたため、手術を受けたが、その後は人工呼吸器のお世話になり、心臓だけが自力で動いているという状態だった。息を引きとる前日、十七日は、手術の傷跡もなおり始め、低かった血圧も一二〇にもなって、側にいた従姉が「もしかしたら、よくなるかもしれない」と言うので私もついその気になり、明日も明後日もあるようなつもりになっていた。容態の安定した夜くらい、母に家で休むように勧めたが帰らず、次男正見も私も側に居て夜が更けていった。その夜、十一時頃から容態は急変し、十八日になったばかりの零時四分、ついにお浄土へ還って行った。幼い頃、抱かれたりお馬になってくれた父の遺体を私が抱き、途中、長男義臣が入院中の病院の前を通って帰宅した。父の遺体を抱いていると、父母の限りない慈しみによって、生き続けることが出来た私は、深い感謝の思いばかりが胸にあふれた。そして、私のために書き残してくれた古い日記が、むやみになつかしく思い出された。

子どもの頃、父とお風呂に入ると決って、暗算に弱い私に「八と七は?」などと問題を出してくるのに閉口した。初夏の夜、宿題の計算問題をしている時、友だちが蛍狩りに誘いに来ると、苦手な暗算がうわの空で、ますます出来なくて叱られ、コンコンと鉛筆のお尻の方で頭をたたかれたりもした。また、私と義臣と子ねこのように襟首を持ってぶらさげられ、観音堂にぶち込まれそうになったこともあった。少し成長してからは、実力行使はなく、「そこに座れ」から始まり、人として何を尊び、何を恥ずべきかを教えてくれた。信仰については、少しの融通も利かない一徹者であり、一緒に暮らしている幼い孫たちのクリスマスも、私の子供たちの受験期の神だのみも、いっさい許さなかった。美しい花が大好きな反面、古い汚い物も、自分の姿と重ねあわせて、大切にせずにはいられなかった。厳しい一生だったのだから、せめて晩年ぐらい、もう少し穏やかに過させてやりたかったのに、弟の看病に明け暮れたつらい一年間だった。無言の帰宅から朝までのしばらくを、母は父の傍で仮眠し、私は一人枕元で、父に感謝をこめて、香を焚きつづけた。

恩師・東井先生

井上和昌

私が八鹿小学校の校長をされておられた先生のもとに赴任したのは、今から二十四年も前のことであったが、既にその頃から先生は、日ごとに色濃くなりつつあった子どもの「いのち」の衰弱現象に大変な危機感をいだかれていた。そして、そうした危機的状況の歯止めをかけ人間らしい人間に育てていくために、子どもたち一人ひとりを自分はもとより、学級や学校…を創っていく創造的主体者として位置づけた教育を強力に推進されておられた。

こうした先生、こうした学校との「であい」は、それまで自分の好みや感じで教育をしていたうき草のような私にとって、実にありがたいことであった。これまでの私の体験の中で大切なものは何であったか、もっと大切にしなければならないことは何であったかが整理され、新しい教育の道筋を発見したような大きな感動を覚えたのであった。

しかし、子どもたち一人ひとりを「させられる立場」でなく「する立場」に立たせ、一人ひとりが自分の「いのち」に目覚めていくような教育を創造していくことは、私にとって容易なことではなかったのである。

それというのも、どんなにすばらしい理論にもとづいた実践であっても、子どもの心との「であい」のない実践は子どもを動かすことができないからである。そしてこのことは、どれだけ子どもを信じているか、どれだけ子どもを知っているか、どれだけ子どもの声なき声まで聞きとれるか…といったまさに私自身の生き方あり方そのものが、厳しく問われる問題であったからである。

「井上さん、道はたくさんあるようだけど、一つしかない、自分がどう生きるかの道以外にない、テクニックじゃない生き方の問題だ」といわれた先生のお言葉は、私の一生の宿題と思っている。

今春、十七年ぶりに私の人生道場であった八鹿小学校に校長としてお世話になることになった。教育の大目標に先生の箴言「自分は自分を創っていく責任者」をかかげ、また、この目標を具現していくために、職員の信条として「教育の専門職にある私たちの生きがいは、教育の探究にある。しかも教育の探究は己自身の生き方あり方の探究でもある。二度とない人生である、日々新たにせい一杯生きたいものである」とうたい、求道的立場に立って教育のあり方を追及していくことを確認しあって、平成三年度のスタートをきったのである。

（兵庫県養父郡八鹿小学校前校長）

東井先生に学ぶ

青山俊董

還暦を過ぎて発心出家をし、入堂して来た雲水が当然のことながら、若い雲水より理解力も仕事のテンポも遅いので、指導に当たる雲水がイライラし、疲れ果てたという顔をしてやってきました。私は苦労をねぎらいながら、こう語りました。

「相手の理解が三なら、あなたが三までおりてゆき、相手の歩みの速度が五なら五まであなたの歩みを遅くしてゆかねばならないのよ。五の速度でしか歩めない人に八の速度のあなたについて来いといい、ついて来ないからといってイライラして相手を叱ったら、相手は一層ドギマギして、持っている五の力さえ出せなくなるのよ。相手の速度に此方があわせるのよ。岸はね、流れに沿ってあるのであって、岸に沿って流れがあるのじゃないのよ」

云い終えて私は、「ああ、また東井先生のお教えを拝借させていただいたな」と思ったことでした。先生との出会いは昭和四十年代の初めころ、柏樹社から出版された『子どものつぶやき』に始まり、その後、私共の主催する禅の集いに数回お越しいただくことにより、直接その謦咳に接しさせていただくことができました。以来今日まで約二十年。先生の御本は私の頭陀袋から消えたことはなく、気がつくと先生のお話をし、あるいは原稿に書いていました。

余語翠巌老師はよく「曹洞宗と浄土真宗とは、トンネルの入り口と出口。どちらから入ってもよい。入った方が入り口じゃ」とおっしゃっておられますが、そのことを心のどん底から、うなずかせていただくことができたのは、東井先生によってでした。道元禅師の教えを、親鸞聖人の角度から光を当てていただくことにより、なるほどなるほどと、どれほど沢山のことを、うなずかせていただいたことでしょう。

知識ではなく、借りものではなく、命がけに、自らを証しとして仏の声を聞きつづけ、行じつづけて来られた先生の言葉であったからこそ、私の心にビンビンとひびいて来たのだと思います。

永六輔さんは、「誰かに借りたら誰かに返そう」と歌っておりますが、私は永遠に一方的に借りっぱなし、遂に一分のお返しもできないままに、先生とお別れせねばならなくなりました。

昨年の暮れ、NHKテレビのスクリーンに映られた先生のお姿と、全身の力をふりしぼるようにして話してくださった一語一語を遺言を聞く思いで、襟を正して聞かせていただきました。そのお姿とお言葉を思い返しつつ、ただ「ありがとうございました」と申し上げるよりほかに術のない私です。

（愛知専門尼僧堂堂長）

東井義雄（とおい・よしお）略歴

明治四十五年四月九日、兵庫県出石郡但東町（現在の豊岡市）に生まれる。昭和七年三月、兵庫県姫路師範学校卒業、同年四月より四十年間、兵庫県下の小学校、中学校に勤務、昭和四十七年三月、兵庫県八鹿小学校校長を退く。その後十五年間、姫路学院女子短期大学、兵庫教育大学大学院講師を勤めたが、昭和六十二年三月、五十五年間の教員生活を終わる。この間、ペスタロッチー賞（広島大学）、平和文化賞（神戸新聞社）、小砂丘忠義賞（日本作文の会）、教育功労賞（文部省、兵庫県教育委員会）、正力松太郎賞（全国青少年教化協議会）などを受ける。平成三年四月十八日逝去。

仏の声を聞く

令和二年六月二十日　新装版第一刷印刷
令和二年六月三十日　新装版第一刷発行

著　者・東井義雄
発行者・西村裕樹
発行所・株式会社　探究社
〒520-0027 大津市錦織2―9―30―101
電話〇七七・五九九・四二〇一
印刷・亜細亜印刷

乱丁・落丁の場合はお取り替え致します。
ISBN978-4-88483-999-4 C0015